ख्याल हमारे

अत्रि तिवारी

पूज्यनीय बाबा जी और आदरणीय माता जी और पिता जी को समर्पित

क्रम-सूची

क्रम-सूची

क्रम-सूची

प्रस्तावना

साहित्यकारों ने छोटी-छोटी कविताएँ लिखी हैं। ऐसी ही कविताओं के माध्यम से अपनी बात कहना आसान होता है। एक-एक कविता एक-एक बौद्धिक के समान है। काव्य की दुनिया सचमुच निराली होती है। बस, अपने मन की भावनाओं को शब्दों में पिरोकर आप तक परोसने का कार्य किया है। आपके मन को मैं कहाँ तक झूमाकर मस्ती में ला सकेगा, यह तो आप ही बता पाएँगे। लेकिन हाँ, कुछ भी आप असमें से ले सकें या आपके हृदय को एक भी पंक्ति प्रभावित कर सकी तो मैं अपना कार्य सफल समझूँगा। इसमें ' ख्याल हमारे' पुस्तक की कुछ कविताएँ भी सम्मिलित हैं। इन कुछ गेय कविता की श्रृंखला मेरे मन के उठते भाव के लिपिबद्ध हो जाने से बनी है। इसके लिए कोई नया स्थान या नया परिवेश नहीं देखा गया। जैसे-जैसे भाव उठते गए, मैं लिखता गया और कविता बनती गई। ये सभी मेरी मौलिक कविताएँ हैं। कभी-कभी भक्तिपूर्ण भाव देखकर या सुनकर उस प्रकार की कविता लिख बैठता हूँ तो कभी हसीनों के जिंदादिली दिल देखकर झूम उठता हूँ और दिल के किसी कोने में वैसा रस उड़ेल कर शब्दों में बाँधने का प्रयास करता हूँ और दिल के किसी कोने में वैसा रस उड़ेल कर शब्दों में बाँधने का प्रयास करता हूँ। यह प्रयास कितना सार्थक और सफल है, यह किसी गायक के सुरीले कंठ ही बता सकेंगे।

शुभकामनाओं के साथ,

काव्य पुस्तक ' ख्याल हमारे ' के लेखक अत्रि तिवारी का जन्म 01 दिसंबर, 2002 को उत्तर प्रदेश के जिला अंबेडकरनगर के एक गांव हाथपाकड में हुआ । स्नातक द्विवतीय वर्ष में इन्हे काव्य पढ़ने का नया नया शौक हुआ । काव्य पढ़ा और समझा और जीवन की सचाइयो से प्रेरित होकर और आपने संघर्षों से प्रेरित होकर काव्य लिखकर संकलन चालू कर दिया। अभी तो काव्य के क्षेत्र में एक मामूली सा कवि हूं फिर हिम्मत करके अपना काव्य संकलन 'ख्याल हमारे' को प्रकाशित करने का निर्णय ले लिया।

हर क्षेत्र में हमें कुछ भी काम करने के लिए पूज्यनीय बाबा जी और माता जी और पिता जी का आशीर्वाद और योगदान रहा । मैं आज जो भी हूं उनकी ही वजह से हूं। आगे बढ़ने की प्रेरणा हमे आपने दादाजी से मिली हैं जिनकी डांट में भी प्यार छुपा होता है मेरे लिए ।

-अत्रि तिवारी

प्रेरणा

लड़ते-लड़ते जब थक जाता हूँ...
जीवन के समझौतों से....
दूर कही एकांत बैठकर...
याद पिता को करता हूँ...!
– अत्रि तिवारी

When I get tired of fighting...
With the words of life....
Sitting alone somewhere far away...
I remember my father...!
– Attri Tiwari

एक वाक्य

कुछ दिनों से मन मेरा निराश है बहुत...
शायद स्वयं की तलाश में हूँ मैं ।।
— अत्रि तिवारी

My heart is very disappointed since
few days...
Maybe I'm looking for myself.
— Attri Tiwari

परीक्षा में आए मुश्किल
सवाल जैसा हूँ मैं,
छोड़ा है हर किसी ने बिना
समझे ही...

1. तुम्हारी जुल्फों में... मैं वो फूल लगाना चाहता हूँ...

मैने ख्वाब संजो कर रखे है दिल मे...
तेरे साथ पूरे करना चाहता हूँ...
और कुछ बड़ी ख्वाहिश नही है मेरी...
बस जिंदा रहते तुझपे मरना चाहता हूँ...!!
तुम सोई रहो सुबह सुबह...
तुम्हारी आँखो पे फूंक मारके...
तुम्हें जगाना चाहता हूँ...
तुम्हारी जुल्फो में...
मै वो फूल लगाना चाहता हूँ...!!
तुम्हें तुम्ही से ना...
मै सुंदर दिखाना चाहता हूँ...
मेरी कुर्सी तुम्हारी कुर्सी के साथ...
मै सटाना चाहता हूँ...
मै भी गालो पर गिल्टी जुल्फें तुम्हारी...
अपने हाथो से हटाना चाहता हूँ ...!!
तुम्हारी जुल्फो में...
मै वो फूल लगाना चाहता हूँ...!!
बारिश में एक छतरी के नीचे...
तुम्हे लाना चाहता हूँ...
सुर बिगड़ा है पता है नही आता...
फिर भी तुम्हारे लिए गाना चाहता हूँ...!!
और लिखे हो जिसमें जज्बात मेरे...
तुझे वो डायरी अपनी बनाना चाहता हूँ...
शायर ATTRI तुझे...

शायरी अपनी बनाना चाहता हूँ...!!
मैं तुम्हारी जुल्फों में...
मैं वो फूल लगाना चाहता हूँ...
तुम्हें तुम्ही से ना...
मैं सुंदर दिखाना चाहता हूँ...!!
तू गुस्सा करके बैठे...
मैं तुझे प्यार से मनाना चाहता हूँ...
और खर्च करे तू उनको...
मैं तेरे लिए कमाना चाहता हूँ...!!
कि मै इज्जत जानता हूँ मै...
तुझे ना मै भगाना चाहता हूँ...
आग के चारो ओर सात चक्कर...
मै तेरे साथ तेरे आँगन में लगाना चाहता हूँ?
बस एक तू चाहिए मुझे...
ना ये सारा जमाना चाहता हूँ...
घर वालो के आशीर्वाद के साथ...
सुन दुल्हन तुझे मैं अपनी बनाना चाहता हूँ...!!
-अत्रि तिवारी

2. इश्क़...

इश्क़ को समझा नहीं वो जब इश्क़ करने चला...
इश्क़ आया जब समझ में इश्क़ में मरने चला...
इश्क़ को देखा जो छूकर इश्क़ में आया मज़ा...
इश्क़ जिसको ना मिला वो इश्क को कहता सज़ा...
इश्क़ की अपनी अदा है इश्क़ का अपना नशा...
इश्क जिसको हो गया है इश्क़ का उसको पता...
इश्क है इक रोग तो फिर इश्क़ ही उसकी दवा...
इश्क़ है इत्र तो फिर इश्क से महके हवा...
इश्क़ से हैं दर्द सारे इश्क़ से हैं हर हँसी...
इश्क़ से हैं ग़म सभी और इश्क़ से ही हर खुशी...
इश्क़ में जो डुबा नहीं इश्क़ से अंजान है...
इश्क़ की नज़रों में वो बस नाम का इंसान है...
-अत्रि तिवारी

3. ऑनलाइन इश्क़....

उसकी टाइपिंग पर ख़ुशी से कांपती तुम्हारी उंगलियाँ...
इश्क़ है...
उसकी न्यू प्रोफाइल पिक्चर को घंटों तक देख कर मुस्कुराना...
इश्क़ है...
बात करने की अनगिनत ख्वाहिशों के बीच ऑनलाइन होकर भी चीखती खामोशियों...
इश्क़ है...
ज़रा सी आहट पर फोन पकड़ बैठ जाना वो नोटिफिकेशन की टनटनाती घंटियां...
इश्क़ है...
कैसे हो? पूछने पर मैं ठीक हूँ लिख कर मिटाना मिटा कर लिखना...
इश्क़ है...
लंबी लंबी बातों में हम्म और ओके सुनने पर बुरा लगना...
इश्क़ है...
उसका नाम सुन कर धड़कनों का बढ़ जाना शायर और उसका नाम ले लेकर तुम्हें चिढ़ाना...
इश्क़ है...
कॉल आने पर पागल सा हो जाना घर से बाहर निकल कर उससे बतियाना...
इश्क़ है...
सुबह उठ कर सबसे पहले फोन में उसका कोई मैसेज या कॉल की उम्मीद रखना...
इश्क़ है...
-अत्रि तिवारी

4. कयामत है जी कयामत है...

कयामत है जी कयामत है,
महबूब मेरी कयामत है...!
नजरो से जब मिलती है,
नजर आती दिल पे आफत है...!!
आँखो मे काजल...
चेहरे पर लाली है...
वो अलग है औरों से...
उसकी बात निराली है...!!
हवा में उड़ती दिखे...
अगर जुल्फे उसकी...
जो देखे ना नजर उसपे...
लानत है जी लानत है...
कयामत है जी कयामत है...
महबूब मेरी कयामत है ... !!
तरस रहे हैं कान मेरे...
होठ उसके मेरा नाम कब लेंगे...
कब कहेगें यार भाभी उसको...
जश्न की महफिल में जाम कब लेंगे...!!
अगर मिल जाये सजा...
उसकी बाहो मे हमें...
रास किसको आती फिर जमानत है...!
कयामत है जी कयामत है...
महबूब मेरी कयामत है....!!
कायल है हम आपकी सादगी के...
हम ज़िन्दगी में आना जानते हैं...

आया नही हमे कभी इश्क आजकल का करना...
हम तो बस निभाना जानते हैं ... !!
शायर की इस ज़िन्दगी मे आने की...
आपको भी हर पल इजाजत है जी...
कयामत है जी कयामत है...
महबूब मेरी कयामत है....!!
- अत्रि तिवारी

5. हाँ मै लड़की हूँ...

इज्जत करो मजबूर ना करो...
होश अपना मुझे खोने पर...
हाँ मै लड़की हूँ...
और मुझे मान है लड़की होने पर?...!!
तुझसे ज्यादा मजबूत हूँ...
पर दिखावा नहीं ये होने पर...
कमजोर हूँ इस वहम में ना रहना...
मेरे यूँही आँखे भिगोने पर...
हाँ मै लड़की हूँ...
और मुझे मान है लड़की होने पर?...!!
नजरो पर रखा कर पहरा...
कहीं ये मेरी ओर आ ना जाये...
कह नहीं रही चेतावनी है ये...
कही मैने देखा तो तू घबरा ना जाये...!!
और ये क्या गहनो से खरीदता है तू...
सुन मरती नहीं हूँ मैं सोने पर...
हाँ मै लड़की हूँ...
और मुझे मान है लड़की होने पर?...!!
तु ये मत सोचना...
जिगर मैं कम रखती हूँ...
सुन तु सहारा मत बन मेरा...
लड़की हूँ खुदसे जीने का दम रखती हूँ?...!!
सँभल जा अभी भी वक्त है...
कही अफसोस हो तुझे...
तेरी हड्डियों के खोने पर...

हाँ मै लड़की हूँ...
और मुझे मान है लड़की होने पर?...!!
-अत्रि तिवारी

6. बहानों से बहला रखा है...

खो ना जाऊं खुद ही को ढूंढने में मैं कहीं... दिल को इसलिए कई
बहानों से बहला रखा है...
देखती रहती हैं आंखें खाली सड़कों चौबारों को...
खालीपन से शायद उनका कोई ना कोई राबता है...
उतारकर बिछा देता हूँ सब मुखौटों को हर रात सिरहाने...
बस मेरे कमरे की दीवारों को ही मेरा चेहरा पता है...
हैं आज 'भी कुछ दिल जो किया करते हैं मोहब्बत...
ये जो थोड़ा सा है सुकून उन्होंने ही बस बचा रखा है...
मैं तुझ को भूलूँ ये मुमकिन इसलिए भी नहीं शायद...
मैंने तुझ को खुद ही में मिला रखा है...
खो ना जाऊं खुद ही को ढूंढने में मैं कहीं...
दिल को इसलिए कई बहानों से बहला रखा है...
-अत्रि तिवारी

7. एक लड़का है जो... मुझे मुझसे ज्यादा जानती है...

जो लफ्ज़ जुबान तक नहीं आते मेरे वो उसे भी पहचानता है...

एक लड़का है जो मुझे मुझसे ज्यादा जानता है...

यूं तो कई लड़किया उस पर कोशिश करती है...

पर किसी को ना अपने करीब आने देता है...

कहता है मुझे वो हमेशा बस एक तू ही मेरी है...

वो मुझे अपना सब मानता है...

मेरी खूबियां और खामियां दोनों पता है उसे...

पर सबको वो मेरी खूबियां ही बताता है...

है एक पागल सा लड़का जो...

मुझे मुझसे ज्यादा चाहता है...

जब हम रोड पर साथ चले तो...

मुझे वो सैफ साइड रख अपना प्यार जताता है...

है बहुत गुस्से वाला वो...

पर मुझे गुस्सा नहीं दिखाता है...

कभी कभी तो बहुत परेशान करता है...

तो कभी बैठ पास मेरे अपना सुख दुख सुनाता है...

वैसे तो सबके लिए शायर है पर...

उसने क्या नया लिखा आज वो दिखाता है...

दोस्त है वो मेरा अच्छा वो भी मुझे इससे ज्यादा कुछ नहीं बताता है...

पर जिस दिन में ना खाऊं तो वो भी भूखा रह जाता है...

सूझ बूझ में है वो थम जाता है साथ मेरे जब दुनिया दूर मुझसे भागे है... पर जैसा भी है वो उसी से जोड़े मेरे दिल के धागे है...

-अत्रि तिवारी

8. ये समझ नहीं आ रहा है...

यादों का ये दायरा बढ़ता जा रहा है...
प्यार था उसे या सिर्फ मुझे है ये समझ नहीं आ रहा है...
कहते थे बहुत जरूरी हूँ उसके लिए...
पर कितने थे ये समझ नहीं आ रहा है...
यूँ तो लाख कोशिशे की खुद को सम्हालने की पर...
मरते रहे उस पर क्यों ये समझ नहीं आ रहा है...
जाना चाहते थे दूर उससे इतना...
की याद भी ना आये उसकी...
पर ये यादें रोज उसके पास ले जाती है...
क्यों समझ नहीं आ रहा है....
वो सब जनता है की मेरी हालत कैसी है...
फिर भी अनजान बने फिरते है क्यों...
और कैसे करते है वो...
ये सब मुझसे तो नहीं हो पा रहा है।
-अत्रि तिवारी

9. मैं जब भी लिखता हूँ...

आँख लिखता हूँ, होंठ लिखता हूँ और अदा लिखता हूँ...
मैं जब भी लिखता हूँ तो बस तुम्हारा चेहरा लिखता हूँ...
इत्तिफाकन कभी पढ़ो मुझको तो पता चलेगा तुम्हें...
ज़िक्र खुदा का जहाँ आये तो तुम्हें खुदा लिखता हूँ...
मेरी शायरी में जहाँ भी तुम्हारी ख़ामोशी का ज़िक्र आया....
लोग कहने लगे वहाँ की मैं बहुत गहरा लिखता हूँ...
माफ कर देना मेरी गुस्ताखियों को देख कर भी...
मैं अब भी अक्सर खुद को तुम्हारा लिखता हूँ...
जब जब भी तबीयत मेरी ज़रा सी बिगाड़ जाती है...
मैं तेरी तस्वीर को ही बस अपनी दावा लिखता हूँ...
-अत्रि तिवारी

10. वो अनजान थे कभी... अब हमारी जान बन गए हैं...

था देखा चेहरा पहली दफा...
अब अच्छे से पहचान ने लगे है...
जानते भी नहीं थे जिन्हें कभी...
अब उनके बारे में सब कुछ जान ने लगे हैं...!
हमारी छोटी सी जिंदगी का...
अब पूरा जहान बन गये हैं...
वो अनजान थे कभी...
अब हमारी जान बन गए हैं...

अरे हकीकत है सारी की सारी...
कोई सपने नही है वो...
बातें करके लगता ही नही है उनसे...
कि अपने नही है वो...
गुमशुदा से रहते थे हम...
वो मिलकर हमसे हमारी पहचान बन गये हैं...
वो अनजान थे कभी...
अब हमारी जान बन गए हैं...
खामोशियों में थे जीने वाले हम...
ना खबर थी कि इतनी आवाज करेगें वो...
सोचा था यूँही बाते करते हैं...
किसको पता था दिल पर एक दिन राज करेगें वो...
बहुत छोड़े फिर तीर SHAYAR ATTRI ने भी इश्क के...
जबसे वो हमारी कमान बन गये हैं...
वो अनजान थे कभी...

अब हमारी जान बन गये हैं...
-अत्रि तिवारी

11. ये मोहब्बत है या फिर....?

लकडियां देखती है जेब के साथ सूरत...
लड़के होते हैं सिर्फ जिस्म पे फिदा...
ये 'सच है बेशक कोई मानना नहीं चाहता...!
दूसरे का जरूरी है देखना चरित्र आजकल... साला खुद को कोई
जानना नही चाहता...!!
जो है अकेला रहना चाहता...
मेरी नजर में वो सही है...!
बेशक कोई है नहीं महबूब लेकिन...
कम से कम नजर उसकी जिस्म पे तो नही है....!!
शहद सी मीठी होती है मोहब्बत...
यार इसे कड़वी शराब मत करो...!
अपनी गंदी नजर को लेकर...
मोहब्बत का नाम तो खराब मत करो....!!
रिश्ता अगर...
जिस्म या पैसे से जोड़ोगें...!
ये तय है एक दिन...
किसी न किसी का भरोसा तोड़ोगे....!!
सच्चा हूँ मै, अच्छा हूँ मैं...
मैं ये बिल्कुल कहता नही...!
खामियां सब में है...
पूरा सही कोई रहता नही...!!
मगर हाँ मैने किसी लडकी का...
दिल नही दुखाया...!
जिस्म को रख के आंखों में...

कोई रिश्ता नहीं निभाया...!!
मुझे नाज है उन लडके लडकियो पे भी... जिन्होंने अपनी इच्छा
को मारा...!
अकेले रहे बेशक मगर अपने मतलब के लिए...
मैदान में इश्क को नही उतारा ?...!!
- अत्रि तिवारी

12. आज थोड़ा प्यार जता दूं क्या...

आज थोड़ा प्यार जता दूं क्या,
तुम मेरी हो सबको बता दूं क्या
तेरी कलाई जो पकड़ लूं मैं,
हाय ! मेरी जान
मेरा कमरा बहुत उदास सा है,
तेरी एक तस्वीर लगा दूं क्या, ..
तुझे लिखने में दिन चला गया,
सोचने में रात बिता दूं क्या..
तुझ पे ये ज़िन्दगी तमाम की है,
कहो तो मेरी डायरी दिखा दूं क्या..
-अत्रि तिवारी

13. बहला फुसला के लडकी को... जो OYO तक ले जाते हैं...

यूँ रोक के बार बार उसका रास्ता...
तुम आशिक खुद को बड़ा बताते हो...
लोगों ने बीच खुद की और उसकी...
इज्जत को तुम क्यूँ गिराते हो...!!
चलो तुम्हारी तो क्या बात करूँ...
होती इज्जत तो ये करते ही नही...
फेक के पर्ची नम्बर की...
माँ बाप संस्कारो को यूँ जमीन पर रखते ही नही...!!
थोड़ी शर्म करके उस...
ऊपर वाले से डर लिया करो...
सच्चा इश्क चाहिए लडकी का...
तो थोड़ी उसकी इज्जत कर लिया करो...!!
हुपा रखा है जो परदे के पीछे...
वो तुम्हारा चेहरा दिखाता हूँ...
सुनो आजकल के फेक-सच्चे आशिकों...
आ जाओ आज तुम्हारी सच्चाई बताता हूँ...!!
अगर हाँ कर दे लड़की...
तब तो ठीक है...
अगर कर दिया मना...
तो तुम अपनी औकात पर आ जाते हो...
फिर करना जबरदस्ती उसके साथ...
या फिर उसको उसको चरित्रहीन बताते हो...!!

ये कौन से...
सच्चे प्यार की बातें है...
बहला फुसला के लड़की को...
जो OYO तक ले जाते है...!!
अब कहेगें जबरदस्ती कौन ले जाता है...
ताली एक हाथ से नहीं बजती है...
मेरे दोस्त हर लड़की का सपना होता है...
दुल्हन के रूप में खुद को देखना चाहती है...!!
यूँ भरोसा दिला के शादी का...
जो भरोसा तोड़ देते हो...
खुद भी हो जाओगे एक दिन...
जो तुम USE करते होड़ देते हो...!!
हाँ ये बातें...
लागू सब पर नही होती है...
किसी के लिए कोई...
उसका सब कुछ भी होती है...!!
पर जो रूह से मोहब्बत करते है...
वो ऐसे काम नही करते...
अगर मना भी कर दिया लड़की ने...
तो उसको बदनाम नहीं करते...!!
ऐ ख़ुदा अगर हो मोहब्बत किसी से...
तो उसके हाथो में मेहंदी रचा सकूँ...
बस इतना काबिल रखना ATTRI को...
कि माँ बाप के संस्कार बचा सकूँ...
माँ बाप के संस्कार बचा सकूँ...!!
-अत्रि तिवारी

14. तुमने मुझसे दूरी बनाई... मैने ख़ुद से दूरी बना ली है...

बैच के मैने इश्क अपना...
बहुत बेवफाई कमा ली है...
अब कोई फर्क नही पडता यार...
तुमने मुझसे दूरी बनाई मैने खुद से दूरी बना ली है...!!
अकेलेपन का अनुभव...
रग-रग में दौड़ रहा है...
तब-तब और मजबूत हो रहा हूँ...
जब-जब कोई छोड़ रहा है...!!
दर्द की हर आह...
दिल ने अपने अंदर समा ली है...
तुमने मुझसे दूरी बनाई...
मैने खुद से दूरी बना ली है...!!
अकेले रह रह के...
अब हर दर्द से संभल गये हैं...
अब आना मत तू लौट के...
पहले तू बदल गई थी अब हम बदल गये हैं...!!
तेरी यादों को जलाकर...
जगह उनकी कामयाबी ने हथिया ली है...
तुमने मुझसे दूरी बनाई...
मैने खुद से दूरी बना ली है...!!
जबसे हुआ मैं मौन हूँ...
मै जानता नही मै कौन हूँ...
अब गुलाम नही तेरी इजाजत के...
हो गये हैं आदी बेफिक्री से रहने की आदत के...!!

ना तेरी जरूरत...
ना अब तेरे प्यार की...
तेरा इंतजार किया तू लौट आयेगी...
अब हदे गुजार चुका हूँ मै इंतजार की...!!
ना है शिकवा तुझसे...
ना बात है कोई तकरार की...
झूठा इश्क झूठी है मोहब्बतें...
ये सिर्फ SHAYAR ATTRI की नही...
आजकल कहानी है संसार की...!!
- अत्रि तिवारी

15. खामोशी में बोलते हो...
इश्क में टूट गये हो क्या...

खामोशी मे बोलते हो...
इश्क मे टूट गए हो क्या...
काफिला आगे निकल गया है हमदर्दी का...
तुम अकेले पीछे टूट गये हो क्या...!!
कुछ अजीब सा मुस्कुरा रहे हो...
दर्द हिपाना सीख गये हो क्या...
और ये आँखे भी नम लग रही है...
बेवफाई की बारिश में भीग गये हो क्या...!!
नाम नही लेते हो इश्क का अब...
सोये मोहब्बत में जग गये हो क्या...
अल्फाज निकलते नही अब लबों से...
डायरी में लिखने लग गये हो क्या...!!

मोहब्बत के शहर निकले थे ना मंजिल ढूंढने...
रास्ता गलत था ना जान गए हो ना...
अलग बताते थे ना दुनिया से उसको...
ये SHAYAR ATRI अब तो मान गए हो ना...!!
-अत्रि तिवारी

16. इश्क का इजहार करने आया हूँ...

आशिक, मै नया नया सा...
तुमसे टूटा-फूटा इजहार करने आया हूँ...
मुझे ऐसा लगता है इस दुनिया में मैं...
सिर्फ तुमसे प्यार करने आया हूँ...!!
देखो ना चाँद को घर से उठाऊँगा...
जा तारे तोड़ सकता हूँ...
हाँ अगर तू हाँ कर दे...
तो मैं उम्र भर का रिश्ता जोड़ सकता हूँ...!!
सुकून मिलता है इन आँखों को...
ये चेहरा तेरा देखने से...
इन आँखो को दो से मैं चार करने आया हूँ...
आशिक मैं नया नया सा...
तुमसे टूटा फूटा इजहार करने आया हूँ...!!
तेरे प्यार के बगैर अब...
मेरे दिल की कोई हस्ती थोड़ी है...
तू हाँ कर चाहे ना कर...
तेरे साथ कोई जबरदस्ती थोड़ी है...!!
मेरी माँ को बना सासू माँ तेरी...
नाम तेरे मै मेरा सारा ही संसार करने आया...
आशिक मैं नया नया सा...
तुमसे टूटा फूटा सा इजहार करने आया हूँ...!!
तेरे मेरे बीच में ना कोई गैरो की बातें होंगी...
दुल्हन तुझे बनानी है, बस फेरो की बातें होंगी...
घर का इकलौता लाडला हूँ मैं...

तेरे माँ पापा को भी मना लूँगा...
ना शराब पीता हूँ ना है बेल कोई...
हूँ पढ़ा लिखा कुछ ना कुछ तो कमा लूँगा...!!
दिल से निभाने है रिश्ते सारे...
मैं शायर अत्रि अभी ना कोई यहाँ व्यापार करने आया हूँ...
आशिक़ मै नया नया सा...
तुमसे टूटा फूटा सा इजहार करने आया हूँ...!!
-अत्रि तिवारी

17. तुम प्यार-प्यार करते रह गये... और वो प्यार में काट गई तुम्हारा...!!

जीते थे जो हर लम्हा...
साथ उसके बड़ी शान से...
बताते थे उसको...
बिल्कुल अलग इस जहां से...!!
गलती यही हुई कि WRONG NUMBER लग गया...
जो जहाँ बाट गयी तुम्हारा...
तुम प्यार प्यार करते रह गये...
और वो प्यार में काट गई तुम्हारा...!!
सब तो सही था ना यार...
जो होता है इश्क में बिल्कुल वही था ना यार...
तुम सोच रहे हमसफर मान रही थी तुमको...
तुम कितने बड़े हो वोअच्छी तरह से जान रही थी तुमको...!!

तो सच्चा प्यार...
सात किसी ओर के भी बाँट गई तुम्हारा...
तुम प्यार प्यार करते रह गए...
और वो प्यार में काट गई तुम्हारा...!!
सोचते थे ना मैं ही हूँ खुशकिस्मत...
जिसको सच्चा इश्क मिला है...
देखो तुम्हारा गुलाब आज...
जाके किसी ओर माली के पास खिला है...!!
हाथ पकड़ के वादा किया था ना...

रूह एक बनाके भी खुद को जीया था ना...!!
ऐ SHAYAR AITRI वो जाऊँ...
बाहों में किसी और के...
तोड़ HEART गई तुम्हारा...
तुम प्यार प्यार करते रह गए...
और वो प्यार में काट गई तुम्हारा...!!
उसको फर्क नही कोई...
तुम रो रो जिंदगी निकालोगे...
कहा था इश्क बफिजूल है आजकल...
मगर तुम कहाँ हमारी मानोगे...!!
जिसको सबकुछ माना था...
सामने उसके पारी को भी ना पहचाना था...!!
देख लो यार आज भी खड़े है...
और वो होड गई साथ तुम्हारा...
तुम प्यार प्यार करते रह गये...
और वो प्यार में काट गई तुम्हारा...!!
-अत्रि तिवारी

18. कहीं लड़का बेबफा तो कही... लड़की औकात दिखा जाती है...

कहीं लड़का बेवफा...
तो कहीं लड़की औकात दिखा जाती है...
ये कलयुग है...
सच्ची मोहब्बत की सोचो भी मत...
कमबख्त ये जिंदगी...
बखूबी समझा जाती है...!!
लगाओगे दिल तो तुड़वा लोगें...
दिल दो मिलेंगे ये सोचना भी मत...
बस आँखे मिलेंगी उठाया जाएगा फायदा...
दयाल में शादी तक तो पहुँचना भी मत...!!
बिखर जाएगी रूह मिट जायेंगे ख्वाब...
ये कड़वी सच्चाई से पर्दा हटा जाती हैं...
ये कमबख्त है सच्ची मोहब्बत की सोचो भी मत...
ये जिंदगी बखूबी समझा जाती है...!!
तैला मजन हीर रांझा...
सब कहने की बातें हैं...
हाँ धोखा देने वाले जरूर...
शुरुआत में इन्दी की कहानियाँ सुनाते हैं...!!
आता सूरज नहीं इश्क का...
वो सनम बरवालो का नाम लेके...
काली रात दिखा जाती है...
ये कलयुग है...

सच्ची मोहब्बत की सोचों भी मत...
कमबख्त ये जिंदगी...
बखूबी समझा जाती है...!!
तुम सच्चे हो दिल के...
मैं मानता हूँ...
पर देखा है इश्क़ गौर से मैने...
मैं सामने वाले को भी जानता हूँ...!!
थोड़े जल्दी ही अहसास जुड़ जाते हैं...
सच्चे लोग अक्सर बातो में आ जाते हैं...
पर शर्म नही आती उनको...
एक मासूम से दिल को चिता पर लिटा जाती है...
Shayar Attri कितने प्यारे...
कितने ही पवित्र क्यों...
ये आशिकी जज्बात मिटा जाती है...!!
-अत्रि तिवारी

19. उससे आज मुलाकात हुई... आखिरी बार आखिरी बात हुई...

उससे आज मुलाकात हुई...
आखिरी बार आखिरी बात हुई...
लगे निकलने आंसू जब भीड़ में आँखो से...
थी फिक्र उस ख़ुदा को मेरी उसी वक्त बरसात हुई...
शहर की हर गली...
आज ताने मार रही है...
अटूट अमर सी एक मोहब्बत...
आज एक से हार रही है....
उजाले से भरी इश्क के खूबसूरती की...
ना जाने क्यूँ काली रात हुई...
उससे आज मुलाकात हुई...
आखिरी बार आखिरी बात हुई...
क्यूँ बैठा है से शायर उसकी गलियों में...
पागल अपने घर क्यूँ नही जाता...
जनाब मैने पूछा...
जीऊगाँ कैसे तुम्हारे बिना...
दिल पर पत्थर मार के बोली...
तू मर क्यूँ नही जाता...
माना करी थी मोहब्बत सच्ची...
हाँ जान तक लुटा रखी थी...
एक तेरे नाम के खातिर...
ATTRI ने हस्ती अपनी मिटा रखी थी...

और हाँ अब मरुगाँ नही...
तय करके अकेले दिल्लगी दिखाऊँगा...
और तू जा सो जो बांहों में उस रकीब की... अफसोस करने के
लिए मिलना कुछ वक्त बाद...
होती क्या चीज है तूझे जिंदगी दिखाऊँगा...
तेरी यादें ज्यों ज्यों आयेगी...
उन्हें त्यों त्यों जलाऊगाँ...
भले मुझे चीरना पडे, ये दिल मेरा...
पर इसपे से तेरा नाम जरूर मिटाऊँगा...
याद रखना
-अत्रि तिवारी

20. ना यार मिला ना प्यार मिला... बस जहाँ मिला इंतजार मिला...

ना यार मिला ना प्यार मिला...

बस जहाँ मिला इंतजार मिला...

जहाँ रूह पसंद आई...

वही जिस्मो का व्यापार मिला...

मतलबी दोगला संसार मिला...

जहाँ रहे दो भाई...

मिल जुल बिन मतलब के...

ऐसा एक भी ना परिवार मिला...

जगह - जगह पर...

बेटी बचाने का अभियान मिला...

सोच में जिनके थी गंदगी...

उन्ही के मुंह से इस पर ज्ञान मिला...

ना मिली इंसानियत...

ना कोई इंसान मिला...

हो रही बातें सुख दुःख की जहाँ...

वहाँ भी दिवारो के कान मिला...

दोस्ती के नाम पर...

सिर्फ शराब का जाम मिला...

ना होता काम यहाँ कायदे से...

जहाँ भी गया मुझे चलता किसी का नाम मिला...

हाँ दुनिया के अंदर चमकती...

अपनी फौज नम्बर चार मिली...

आँख उठा के देखी भारत की इज्जत पे...
उनकी लाशे तैयार मिली...
पर शहीद की कहानी का...
ना सार मिला...
जान गँवाई जिसने बार्डर पर...
उस शहीद का भी परिवार लाचार मिला...
आजकल एक पे ना होता...
वो विश्वास मिला...
देखा भी नही मुझे...
मेरी फकीर जेब थी...
आये पैसे पास मेरे...
बंदा वही मुझे मेरे पास मिला...
'बचा है इतना सा मतलब जिंदगी का...
देख इन सबको एक अहसास मिला...
तू कर माँ बाप की सेवा ऐ SHAYAR ATTRI... बाकी बस अपनी
सांस से सांस मिला...

21. तू गुजरी इतने करीब से...
गलती हो गई गरीब से...

तू गुजरी इतनी करीब से...

गलती हो गई गरीब से...

तेरी महक साथ में आ गयी...

आँगन में रखते ही कदम चारो ओर वो हा गई...

चेहरा बार बार उसका...

आंखो के सामने आ रहा है...

लगता है मेरा दिल हाथ इश्क का...

थामने जा रहा है...

ओए पागल रुक जा...

मैने बड़े किस्से सुन रखे है मोहब्बत के...

बड़ी बेरहमी से तोड़ते है दिलो को यहाँ...

बचेगा कुछ नही सिवाय इबादत के...

अंजाम जानते हुए भी...

ना जाने क्यूँ फिर भी दिल मान नही रहा...

सब कुछ पता है इश्क के बारे में...

फिर भी बना नादान ये कुछ जान नही रहा...

प्यार की बातें कुछ नही होती आजकल...

सबसे सुना है कहते मैने...

समंदर को अपना कहने वालो को...

देखा है किनारो के बहते मैने...

लगता है ख़ुदा खुद तेरे मेरे इश्क का...

पौधा सींच रहा है...

कितनी भी कोशिश कर लूँ मगर...

तेरा अहसास मुझे तेरी ओर खीच रहा है...

मुझमें कुछ भी...
नजर नही आ रहा मेरा है...
तू मेरी इस कदर हुई...
कि अब ये ATTRI सिर्फ तेरा है...
-अत्रि तिवारी

22. प्रेम...

प्रेम यानी उसके मैसेज या कॉल आने पर दिल जोरों से धड़कना...

प्रेम

यानी हर समय हर पल उससे बात करने की लालसा जो कभी खत्म नहीं होती...

प्रेम

यानी किसी की गैरमौजूदगी पर भी उसको अपने करीब महसूस करना...

प्रेम

यानी उसको गलती से हाथ लग जाने पर बहुत डर जाना...

प्रेम

यानी अपनी सारी तकलीफ भूल उसे हँसाने के लिए खुद जोकर बन जाना...

प्रेम

यानी मेहंगे रेस्टोरेंट में ले जाने की जगह घर ले जा कर अपने हाथ की चाय पिलाना...

प्रेम

यानी किसी के साथ चलते हुए उसकी उँगलियों में उंगलियां फ़साने का दिल करना...

प्रेम

यानी साथी की गोद में सर रख बेफिक्र बालों से खेलना...

प्रेम

यानी उसके 'हाँ' बोलने की कोई उम्मीद ना होने पर भी उसके लिए बेहिसाब कविताएं लिखना...

-अत्रि तिवारी

23. प्रेम...

तुम्हें तुम्हारा हाँथ पकड़ के अपने पास बिठाना है...
तुम जब तक न समझो मेरी दिल धड़कन की हरेक बात तब तक
सीने से लगाना है...
मेरे लबों की मसरूफ़ियत को ख़ामोश कर...
मेरी जरूरतों को तुम्हें इशारों में समझाना है...
चाँद बड़ा खूबसूरत है लोग कहते है...
तुम्हें दुनियाँ की हरएक कोने से उस चाँद को दिखाना है...
फ़िर तुम्हे ये बताना है कि तुमसे खूबसूरत तो वो चाँद भी नहीं...
तुम्हें समनदर के किनारों से पहाड़ों की ऊंचाइयों तक...
मंदिर की आरती से मस्जिद की अज़ान तक, मुझे तुम्हें अपनी
मन्नत बनाना है...
इस ज़िंदगी में हर तजुर्बा मुझे तुम्हारे साथ सीख कर जाना है...
बस इतनी ही तो मोहब्बत करनी है तुमसे कि
मुझे मेरी जिंदगी का हर एक लम्हा तुम्हारे साथ बिताना है...
-अत्रि तिवारी

24. प्रेम...

प्रेम वो नही जो...
कह कर दिखाया जाये...
प्रेम वो है...
जो छुप कर निभाया जाये...
प्रेम वो आग है...
जिसे कभी बुझाया ना जाये...
प्रेम वो सुकून है...
जिसे कभी छोड़ा ना जाये...
प्रेम वो एहसास है...
जो हमेशा महसूस किया जाये...
प्रेम वह मंदिर है...
जिसके रोज़ पूजा की जाये...
प्रेम वह घर है...
जहा लोग खुशियों से जीते जाये...
जिसकी अनुभूति आँखों को नम्र करे...
"मैं" और "तू" को "हम" करें...
हृदयांतर को कम करे...
पत्थर को भी नरम करे...
वही प्रेम है...
एकांत के शोर को सुन ले...
सपनों से पहले हक़ीक़त बुन ले...
उनसे पहले खुद से मिल ले...
टूटे बंधन को फिर से सील ले...
वही प्रेम है!

प्रेम वो मंज़िल है...
जिसको पाने के लिए लोग कितनी मेहनत किये जाये...
प्रेम एक ऐसा रोग है...
जहाँ किसी गैर को अपना मान लेते है...
उसे अपना जहान बना लेते है...
उसके लिए जीते है...
उसको पाने के लिए तड़पते है...
उसके यादो मे हम बेचैन है...
उनके आगे नींदें भी हैरान है...
जहाँ जाओ तो उनकी सूरत दिखती है...
और हमारे साँसों में बस्ती है...
ओस की बूँद सी राहत दे जाए...
अंदर ही अंदर एक आहट दे जाए...
धूप में कोमल छाँव दे जाए...
इस भागते शहर से ठहरे गाँव ले जाए...
वही प्रेम है !
-अत्रि तिवारी

25. प्रेम...

प्रेम...
क्या है यह प्रेम...
सृष्टि का सुंदर अनुभव...
एक अनूठा सा नाता एक मनमोहक बंधन... और भी बहुत कुछ है ये....!!
एक अनछुआ स्पर्श मन को भिगोता... आत्मा को छूने वाला -बिना किसी रिश्ते के... जोड़ने वाला मधुर संबंध.. !!

पुरुष का पुरुषत्व नारी का नारीत्व... बच्चे का बचपन इन सबको पूर्ण करता... मानव को मानव से जोड़ता... सचमुच अद्भुत है ये प्रेम...!!
न जाने क्यों अब ऐसा नहीं कहीं... स्वार्थ सिद्धि तो कहीं.... शारीरिक आकर्षण धन का... लालच तो कहीं कुछ पाने की... लालसा अब कुछ ऐसा है प्रेम ...!!

काश! प्रेम की परिभाषा समझ सकें... हम सभी और मन की गहराइयों से... बिना किसी शर्त या मतलब के कर सकें सच्चा प्रेम... और दें जीवन में उसे सही मायने....!!
-अत्रि तिवारी

26. प्रेम...

प्रेम

जहां जरूरत नहीं होती बार बार अधिकार जताने की...

ना ही हर बार याद दिलाए जाने की...

ना ही शब्दों की भारी भरकम आधारशिलाओं की...

ये' प्रेम ' सतत है, बिल्कुल ज़मीनी...

ये प्रेम है

अपेक्षाओं' के बोझ से परे...

'बिन कही' समझ से भरे...

हुए केवल' होने भर' के एहसास से लबरेज़... और सिर्फ़ कहने के
लिए कहने के दिखावे से दूर...

क्यूँकि मौन की सबसे मुखर आवाज पहुंच ही जाती है...

एक हृदय से दूजे तक बिन किसी आलंब के बिना किसी चूक के ||

और मुझे यकीं है...

एक रोज़ चांद सितारे तोड़ लाने के वादों से कहीं दूर...

हम तुम बैठे होंगे किसी सुकून भरे विश्वास में...

थामकर एक दूजे का हाथ सांसों के चलने तक...

इस " साथ के चलने की उम्मीद " का गा रहे होंगे कोई...

उजला दामन पकड़कर...

पुराने गीत जिसमें प्रेम हो...

और तब दूर कहीं फिजाओं में...

गूंज रहा होगा एक सहज...

मधुरिम शब्द...

प्रेम...

-अत्रि तिवारी

27. प्रेम...

चेहरे पर तो अक्सर लोग मरते है... किसी का दिल देख कर...
अपना दिल हार जाओ ... तो समझना कि प्रेम है...
दुआओं में उसे ना मांग कर... बस उसके लिए दुआएं कर पाओ...
तो समझना की प्रेम है
चाहत में अक्सर हाथों में हाथ रख कर... साथ चलने कि शर्त रखी
जाती है... बिना किसी शर्त के किसी के साथ... ज़िंदगी भर साथ
चलने का इरादा रख पाओ...
तो समझना कि प्रेम है...
उस शख्श से प्यार मिले या ना मिले... मगर उसपे बिन मतलब
अपना प्यार लुटा पाओ... तो समझना कि प्रेम है...
भले कभी तुम उसकी नज़र में भी ना उतर पाओ... मगर वो तुम्हारे
रूह में उतर जाये... तो समझना कि प्रेम है...
उसे पाने की चाहत ना रख कर... सिर्फ उसे चाहने कि आदत हो...
तो समझना कि प्रेम है...
अगर मोहब्बत जिस्मानी ना होकर... रूहानी हो... तो समझना कि
प्रेम है...
-अत्रि तिवारी

28. प्रेम...

चाहे सारी दुनिया भी हासिल हो तुम्हें...
पर तुम्हारी नज़रें बस एक चेहरे को ढूँढे...
तो समझना प्रेम है...
जब उसका दर्द देख कर...
तुम्हारा हँसता चेहरा आखों को भीगा दे...
तो समझना प्रेम है...
वो चाहे कितनी भी दूर हो पर उसका एहसास...
हर पल तुम्हें उसके करीब रखे...
तो समझना प्रेम है...
इस भागदौड़ भरी जिंदगी में तुम...
किसी का हाथ पकड़ कर ठहर जाओ...
तो समझना प्रेम है...
मेरी शायरी को पढ़ते हुए भी तुम...
अगर किसी शख़्स को सोच रहे हो...
तो समझना प्रेम है...
-अत्रि तिवारी

29. प्रेम...

रुला दे कभी तुम्हें जो किसी की यादें...
तो समझना प्रेम है...
बेवजह रूखे होंठो पर मुस्कान ला दे जो किसी की यादें...
तो समझना प्रेम है...
आधी रात तुम्हारी नींद उड़ा दे जो किसी की यादें...
तो समझना प्रेम है...
हारती जंग में जीतने का हौसला दे जो किसी की यादें...
तो समझना प्रेम है...
अंधेरी रात में दिए से जगमगाए जो किसी की यादें...
तो समझना प्रेम है...
मौत के करीब आ कर भी जीने की वजह दे जो किसी की यादें...
तो समझना प्रेम है...
किसी के जाने के बाद भी तुम्हें सताय जो उसकी यादें...
तो समझना प्रेम है...
-अत्रि तिवारी

30. तू है साथ तेरे...

मुश्किल वक्त में तू है साथ तेरे,
कोई ना समझेगा जज्बात तेरे,
चलती रहे बस बिना डरे । ।
रास्ता तेरा है,
मंजिल तेरी है,
लोग क्या कहेंगे?
कौन क्या सोचेगा?
इससे क्या मतलब है!
तू ठंड में बिन कम्बल के सोई थी,
रात भर भूख से रोई थी,
तब कहा थे ये लोग भला ।।
सही क्या है?
गलत क्या है ?
तुझे है सब पता,
सोच वही, कर वही,
जिससे हो तेरा भला ।।
खुद के लिए लड़,
बना अपनी जगह, तू साथ तेरे है,
फिर कैसी है चिन्ता !
तू साथ तेरे है,
याद रख कर अपना भला ।।
-अत्रि तिवारी

31. तुम कुल्हड़ चाय की चुस्की हो... मैं तलब लगा एक सुट्टा हूँ...

तुम अंग्रेजी व्हिस्की का खंबा हो,
मैं देसी ठरों की बोतल हूँ,
तुम दिल्ली यूनिवर्सिटी की शहजादी हो,
मैं विद्यापीठ का लोकल हूँ,
तुम घाट इस पार की भीड़ हो,
"मैं उस पार का सन्नाटा हूँ,
तुम कुल्हड़ चाय की चुस्की हो
मैं तलब लगा एक सुट्टा हूँ |
तुम रात की प्यारी चाँदनी हो
मैं हलते सूरज की लाली है,
तुम डोमिनोज में लगती टैक्स हो, , मैं कपड़ी पर मिलता बट्टा है
तुम कुल्हड़ चाय की चुस्की हो, , "मैं तलब लगा एक सुट्टा हूँ ।
तुम बड़े रेस्टोरेंट की चिल्ली पटेटो , मैं सड़क पर बिकता समोसा हूँ

तुम मैकडॉनल्ड की बर्गर हो , मैं दिल्ली का सस्ता सा डोसा हूँ,
तुम राजभोग सी मीठी हो,, मैं इमली जैसा खट्टा हूँ,
तुम कुल्हड़ चाय की चुस्की हो, , मैं तलब लगा एक सुट्टा हूँ ।
तुम जारा की शॉपिंग हो, , मैं सेल में मिलता कपड़ा हूँ,
तुम आपस में होते समझौते सी, , मैं लौंडों में होता लफड़ा हूँ,
तुम जेम्स बॉन्ड की पिस्टल सी, , मैं मिर्ज़ापुर का कट्टा हूँ,
तुम कुल्हड़ चाय की चुस्की हो, , मैं तलब लगा एक सुट्टा हूँ ।

तुम बहती गंगा सी शीतल हो, , मैं एक झरने का पानी हूँ,
तुम किसी लेखक की उपन्यास हो,, मैं खुद की लिखी कहानी हूँ,
तुम हरिचंद्र सी सच्ची हो, , मैं सरकार सा एक झूठा हूँ,
तुम कुल्हड़ चाय की चुस्की हो, , मैं तलब लगा एक सुट्टा हूँ ।
-अत्रि तिवारी

32. हां, ये सच है मुझे... तुमसे एक तरफा प्यार है...

सुनो, तुमसे कुछ पूछना हैं
क्या तुम वहीं हो जिसे देखने के बाद किसी को देखने का मन नहीं करता?
क्या तुम वहीं हो जिसे सोचने के बाद कुछ और सोचने का मन नहीं करता?
वो ख़वाब जिसके आने से नींद ऐसी आती हैं...
कि जागने से नफ़रत हो जाती हैं...
वो सांस जिसके लेने के बाद की ताज़गी
ऐसी है...
कि सूखा हुए पेड़ भी हरा भरा दिखने लग जाता हैं...
वो चेहरा जो हर रात मेरे तकिए पर सोने से पहले बनाता हूं,
क्या तुम वहीं हो जिसकी बात में हर बात में ले आता हूं?
हां, तुम शायद वहीं हो क्योंकि
ये बात कहते हुए मेरी आंखे मुझे
तुम्हारे सिवा कुछ ओर दिखाने से इन्कार रहीं हैं।
मानो की इससे खूबसूरत
आज तक कुछ देखा ही ना हो,
मेरा दिल पहले से तेज़ धड़क रहा है
मानो कह रहा हो ये
जो कुछ भी हो रहा है वो पहली ओर आख़री बार हो,
मेरे कान मुझसे कह रहे हैं कि जो आज तक सुना वो सब बेकार है,
मेरे हाथ अपनी हथेली में तुम्हारा नाम इस तरह ढूंढ़ रहे है... मानो कोई रूई के ढेर में सुई ढूंढ़ रहा हो,

मेरी बाहें तुम्हारे लिए इस तरीक़े से तरस रही है...

मानो अंधेरे में छोटा बच्चा डर रहा हो... और इतना सब कुछ हो जाने के बाद भी... तुम्हें पाने या ना पाने का ख़याल भी मुझसे कोसों दूर है...

हां, ये सच है...

मुझे तुमसे एक तरफा प्यार है...

तुम्हारे दिल में क्या है मुझे नहीं जानना,

तुम्हारे दिल में कोन है मुझे नहीं जानना... बस इतना बता दो क्या तुम वहीं हो जिसकी मुझे तलाश है?

फिर तुम्हारा फ़ैसला जो भी हो मुझे नहीं जानना...

और इतना सब कुछ कह जाने के बाद भी... मुझे तुम्हे पाने या ना पाने कि हसरत नहीं है... क्योंकि मुझे तुमसे प्यार करने के लिए...

मुझे तुम्हारी ज़रूरत नहीं है...

मेरा यकीन करो तुम... मैं तुमसे दूर रहकर भी ख़ुश रहे सकता हूं...

तुम्हारी आंखों में जो पानी भरा है...

उसमें किसी बेशुद्ध मछली की तरह तैर सकता हूं...

-अत्रि तिवारी

33. थैंक्स... मुझे अपना बनाने के लिए...

थैंक्स

मुझे अपना बनाने के लिए...

थैंक्स

मुझ से दिल लगाने के लिए...

थैंक्स

मुझे अपनी कसम देख कर खाना खिलाने के लिए...

थैंक्स

मुझ पर अपनी केयर दिखाने के लिए...

थैंक्स

जब जब मैं रूठा मुझे मनाने के लिए...

थैंक्स

मुझे पर हक़ जताने के लिए...

थैंक्स

मुझ से कोई बात न छुपाने के लिए...

थैंक्स

मुझे किसी भी मुसीबत में छोड़ न जाने के लिए...

थैंक्स

मेरी जिंदगी में रंग भरने के लिए...

थैंक्स

मुझे अपने दिल में रखने के लिए...

थैंक्स

मुझ पर इतना मरने के लिए...

थैंक्स

मेरे सारे दुःख हरने के लिए...

थैंक्स

मेरे साथ बैठ बात करने के लिए...

थैंक्स

मेरे लिए दूसरे से लड़ने के लिए...

थैंक्स

मेरी जिंदगी से दुःख भगाने के लिए...

थैंक्स

मेरी जिंदगी में खुशियां लाने के लिए...

थैंक्स

जब मैं ऑफिस से थक कर आता हूं मेरा उस वक़्त सिर दबाने के लिए...

थैंक्स

मेरी तबीयत खराब होने पर खुद को रात में जगाने के लिए...

-अत्रि तिवारी

34. अरे हां हां मैं खुश हूं...

कुछ तकलीफ़ है कुछ परेशानी है...
कभी कभी चेहरे पर उदासी है...
फिर भी मैं शायद खुश हूं...
अरे हां हां मैं खुश हूं...
जिंदगी कुछ बदल सी गई है...
जैसी चाहिए थी उससे कुछ पलट सी गई है... कभी कभी अपना
सोचा पूरा नहीं होता है...
ये बात सोच के दिल कई पर रोता है...

पर फिर भी शायद खुश हूं...
अरे हां हां मैं खुश हूं... हाथ में तंगी है...
बाजारों में बंदी है...

बीमारियों का खौफ है...
लोग मजाक करते भाई तेरी तो मौज है...
फिर भी शायद मैं खुश हूं...
अरे हां हां मैं खुश हूं...
कई आए मेरी जिंदगी में...
तो कई छोड़ के भी गए है...
कईयों ने हंसना सिखाया...
तो कईयों ने जी भर कर रुलाया..

कईयों ने दिल में मुझे बसाया भी है...
तो कईयों ने दिल तोड़ा भी है...
पर फिर भी शायद मैं खुश हूं...

अरे हां हां मैं खुश हूं...
अपनी की ग़लतियों को छुपाता भी हूं...
फिर बाद में उन ग़लतियों पर पछताता भी हूं...
कभी बिन आंसू के रोता भी हूं...
कभी कभी उन आसुओं के साथ हंसता भी हूं...

पर फिर भी शायद मैं खुश हूं...
अरे हां हां मैं खुश हूं... घर की जिम्मेदारियाँ भी है सर पर...
दोस्तों की उधारीयां भी है मुझ पर...

जेब में मेरी खालीपन है...
दिमाग में मेरे भविष्य का भारीपन है...
पर फिर भी शायद मैं खुश हूं...
अरे हां हां मैं खुश हूं...
-अत्रि तिवारी

35. वो पहली मुलाकात...

कुछ घबरा वो भी रही थी हाथ मिलाने में...
कुछ शर्मा मैं भी रहा था गले मिलाने में...
कुछ खामोश वो भी थी...
यह कुछ उदास मैं भी था...
कुछ आंखे उसकी भी नम थी...
कुछ गला मेरा भी भर आया था...
कुछ सवाल उसे भी पूछने थे...
कुछ जवाब मुझे चाहिए थे...
फिर आखिर में दोनों एक साथ बोल पड़े...
कैसे हो आप?
-अत्रि तिवारी

36. क्या लिखूं...

कुछ गहरा सा लिखना था,
"इश्क" से ज्यादा क्या लिखूं।
कुछ ठहरा सा लिखना था,
दर्द " से ज्यादा क्या लिखू ।
कुछ समन्दर सा लिखना था,
आंसू" से ज्यादा क्या लिखू
सुनो अब जिन्दगी लिखनी है,
'तुमसे ' ज्यादा अब क्या लिखू
-अत्रि तिवारी

37. जिंदगी कितनी आगे बढ़ गई है...

कहानी जहा से शुरू हुई थी वही पे जाके देखो
जिंदगी कितनी आगे बढ़ गई है,
वो चेहरे जो उस वक्त सबसे खास थे
वो तो आज इस जिंदगी का हिस्सा तक नही है,
जिनके जाने के बाद लगा था जिंदगी में
कुछ बचा तक नही है वो लोग आज याद तक नही है,
इसलिए जिंदगी में कभी ये मत सोचना कि यहां से आगे कैसे
बढ़ेगे,
वक्त देना वक्त को, वो रास्ता खुद दिखा देगा।
-अत्रि तिवारी

38. झगड़ा...

न होगा खत्म यूँ किस्सा हमारा, चलेगा उम्र-भर झगड़ा हमारा भुला
सकती हो तुम मेरी मुहब्बत, भुला पाओगी क्या चेहरा हमारा ?
अकेले शाम में बैठा करोगी, सताएगा तुम्हे लड़ना हमारा नए आशिक
तो मिल जायेंगे तुमको, नही मालूम क्या होगा हमारा,
-अत्रि तिवारी

39. अच्छा लगेगा...

मेरा और कितना तहजीब रखना अच्छा लगेगा कोई ना चाहे तो
कोई कैसे भला अच्छा लगेगा

तहजीब तमीज नही देखती तो क्या देखती है लड़कियो को और
कैसा लड़का अच्छा लगेगा

मेरे पास तजुर्बा है मुहब्बत के तौर तरीको का यकीन मानो तुम्हे
मेरे साथ बड़ा अच्छा लगेगा

वैसे मेरी भी एक कहानी है फुर्सत मे सुनाऊंगा थोड़ी और पुरानी
होगी तो ज्यादा अच्छा लगेगा

जो कल को मै कामयाब हो जाऊँ उसे भी बताना यकीनन उसे भी
ये सुनकर थोड़ा अच्छा लगेगा।

-अत्रि तिवारी

40. सुन्दरता...

किसी की सुन्दरता को समझने के लिए जरूरी है उसके दुःख का
समझा जाना
चेहरे पर बसता नूर असल में रोशनी की वह किरण है जो पानी के
एक बूँद से होकर गुज़रती है
पारदर्शी दीवारो में कैद महलियाँ यूँ तो सबको दिखती है लेकिन
उनके आंखो का पानी सबको नही दिखता
-अत्रि तिवारी

41. क्या करना?

कोई गजल सुना कर क्या करना, यूँ बात बढ़ा कर क्या करना।
तुम मेरे थे तुम मेरे हो, दुनिया को बता कर क्या करना।
तुम साथ निभाओ चाहत से, कोई रस्म निभाकर क्या करना,
तुम खफा भी अच्छे लगते हो, फिर तुमको मना कर क्या करना
-अत्रि तिवारी

42. चाहता हूँ...

अपनी हार से अब थोड़ा आराम चाहता हूँ, एक जीत चाहता हूँ थोड़ा सुकून चाहता हूँ

अपने जख़्मों से उम्र भर निजाद चाहता हूँ तकलीफ ना हो कोई ऐसा इलाज चाहता हूँ

कुछ रिश्ते चाहता हूँ उनके चेहरे बेनकाब चाहता हूँ मेरे सीधे से सवालो का सीधा सा जबाब चाहता हूँ

उसकी बाँहो मे छोटा सा पनाह चाहता हूँ उस बेपरवाह से मोहब्बत बेपनाह चाहता हूँ

कुछ अनोखे सपने कुछ मुस्कम्मल ख्वाब चाहता हूँ, एक हक़ीक़त चाहता हूँ उसे अपने हिसाब चाहता हूँ

-अत्रि तिवारी

43. क्या लिखूँ?

थोडा सोच फिर एक बात लिखूँ जज्बात लिखूं या हालात लिखूं..
तेरे इश्क को अपने साथ लिखूं या मेरे हाथों में तेरा हाथ लिखूं.
तुझे देखूं फिर तेरी बात लिखूं   तारीफ लिखूं या फ़रियाद लिखूं..
तेरे पीछे खुद को आबाद लिखूं या तन्हाई में पुद को बर्बाद लिखूं..
तुझे दिन या खुद को रात लिखूँ..   बता आज कौन सी बात लिखूं..
-अत्रि तिवारी

44. जब कोई...

कितना अच्छा और प्यारा लगता है न जब कोई क्षण भर के लिए
सुनता है आपको।
जब कोई आपको हाथ पकड़कर आपको समझता है,
जब कोई आपके आंसूओ को खुद के आँसू समझता है,
जब कोई आपको अपना कंधा देता है सोने के लिए,
कितना अच्छा लगता है न जब कोई होता है अपना सिर्फ अपना !
-अत्रि तिवारी

45. लिख दूँ...

दिल के तमाम एहसास लिख दूँ
तेरे इश्क़ में कुछ खास लिख दूँ
अब तक जो बुझ न सकी,
जन्मों की वो प्यास लिख दूं
मेरी नज्म के साथ बज रहे,
इश्क के सुरीले साज़ लिख दूं
पाने को तुझे करते है रात दिन,
रब के दर की वो फरियाद लिख दूं
इश्क़ सोचकर किया नही तुझसे,
तेरे साथ सारी कायनात लिख दूं
-अत्रि तिवारी

46. ना नींद पूरी हुई... ना ख्वाब मुकम्मल हुऐ...

बस यही दो मसले,

जिंदगी भर ना ना हल हुए,

ना नींद पूरी हुई,

ना ख्वाब मुकम्मल हुए।

वक्त ने कहा,

काश थोड़ा और सब्र होता,

सब ने कहा,

काश थोड़ा और वक्त होता,

शिकायते तो बहुत है तुझसे ऐ जिन्दगी,

पर चुप इस लिए हूँ कि,

जो दिया तूने,

वो भी बहुतो को नसीब नही होता..

-अत्रि तिवारी

47. मोहब्बत...

खामोश लब है झुकी है पलकें,
दिलों मे उल्फत नई नई है..
अभी तकल्लुफ है गुफ्तगू में,
अभी मोहब्बत नई नई है..
अभी न आएगी नींद तुमको,
अभी न हमको सुकून मिलेगा..
अभी धड़केगा दिल जोरो से,
क्योंकि अभी मोहब्बत नई नई है..
-अत्रि तिवारी

48. क्या?

उसने पूछा इश्क क्या है,
मैने कहा तेरी याद
उसने पूछा याद क्या है,
मैने कहा तेरा इंतजार.
उसने पूछा इंतजार क्या है,
मैने कहा मेरी जिंदगी
उसने कहा जिन्दगी क्या है
मैने कहा तेरा इश्क. ,
-अत्रि तिवारी

49. अरमान...

कोई भी अरमान नही है यूँ जीना आसान नही है
आहे अंदर घुट जाती हैं दिल में रौशन दान नही हैं
बात छुपाना सीखो साहब किस घर में तूफ़ान नही हैं।
अब भी तेरा हिस्सा हूँ मैं बस तुझ को ही ध्यान नही है।
जब तब ख्वाहिश उग आती है दिल हैं रेगिस्तान नही हैं।
-अत्रि तिवारी

50. उस के गाँव की एक निशानी ये भी है...

तुम ने भी उन से ही मिलना होता हैं
जिन लोगो से मेरा झगड़ा होता है
उस के गाँव की एक निशानी ये भी है
हर नल के का पानी मीठा होता है
मै उस शख्स से थोड़ा आगे चलता हूँ
जिस का मै ने पीछा करना होता है
तुम मेरी दुनिया में बिल्कुल ऐसे हो
ताश में जैसे हुकुम का इक्का होता है
कितने सूखे पेड़ बचा सकते है
हम हर जंगल में लक्कड़इहारा होता है
-अत्रि तिवारी

51. कहां है?

दिल की हक़ीक़त लिखते कहाँ हैं।
टूटे ना जब तक बिखरते कहाँ हैं ।।
खुद को समेटे है खुद के ही अंदर।
खुद से भी बाहर निकलते कहां है।।
तुम्हें आईना हम बना ही चुके है।
देखे बिना हम संवरते कहां है।।
बिछड़े जो तुमसे बिछड़ने ना देना।
बिछड़ते है जो वो मिलते कहां है।।
दिल की हकीकत लिखते कहां है।
टूटे ना जब तक बिज़रते कहां है।।
-अत्रि तिवारी

Thanks,

धन्यवाद,